AF578644

Gontran Peer   Maren Schönfeld

Raumperspektiven

Lyrik

Verlag Expeditionen

Bibliografische Information der
Deutschen Nationalbibliothek: Die Deutsche
Nationalbibliothek verzeichnet diese Publikation in der Deutschen Nationalbibliografie; detaillierte bibliografische Daten
sind im Internet über www.dnb.dnb.de abrufbar.

Gontran Peer und Maren Schönfeld
Raumperspektiven
Lyrik

Umschlaggestaltung: Angela Schwarze
Umschlagsbild: Gino Leineweber
Kingston Lake, Michigan, UP, USA
Buchsatz: Gino Leineweber
Printed in Germany

ISBN: 978-3-911320-01-6

GONTRAN PEER   MAREN SCHÖNFELD

Raumperspektiven

Kettengedicht

Endlich abschalten
den monotonen Wecker –
ein Amselhahn singt.
Andere schweigen lieber
wenn es morgens noch kalt ist.

Erwartungen, ach!
Schneeglöckchen, die längst
schon blüh'n –
später Schnee, der fällt
Tornados stürmen durchs Land,
decken ganze Dächer ab.

Uralte Eiche
liegt jetzt auf der Straße
entwurzelt vom Wind.
Die Ruhe und der Frühling
sind zurückgekehrt – draußen.

Die Vögel alle
eifrig, die Blüte beginnt –
nur ich bin schläfrig
Jetzt ist es schon Gewohnheit:
Kalenderblätter abreißen.

In der Paarungszeit
das lange Vogelzwitschern
am frühen Morgen –
gewiss, es wird so niemals,
niemals so wiederkehren.

Nur aufgeschoben
hab' ich meinen Frühjahrsputz –
das Wetter ist schuld!
Wo ich bin, was ich tue,
sieht alles so dürftig aus!

Blütezeit:
Mit dem Fernglas ist es
eine hübsche Welt

So überwältigt
bin ich von Pfirsichblüten –
Buddhas Erleuchtung

Sternenlose Nacht.
Von diesem Kirschblütenfall
habe ich geträumt,
als wäre es mein letzter
mit Ehrfurcht wahrgenommen.

Frühlingstag –
im Tschilpen hör′ ich,
was er bringt

Die Feldherrn
führen wieder Krieg!
Brütezeit

Frühlingshimmel.
Vollgefüllt mit Dingen
ist das Diesseits

Regen fällt, bald
endet die Blütezeit –
Mond, ond, nd, d

.

So läuft's, Frühling!
Ohne Schuhe kehrt man
wieder zurück

Gontran Peer

Foto: Thomas Styhn

Könnte Herbst sein.
Wäre da nicht der Duft
der Hyazinthen

Die Uhr vorgestellt –
öffnen sich die Knospen nun
ein bisschen schneller

Gehen können
vom Haus bis zum Elbpark
eigene Schritte
wie groß die Welt ist
wie bunt der Frühling

Achtung, Eichhörnchen!
Er kommt lautlos geflogen
der Eichelhäher

Lauer Wind heute
mit dem ersten Blühen
kommt der Heuschnupfen

Lied der Amsel.
Im Tulpenbeet harrt
eine Katze

Abschied, noch immer
auch die Maiglöckchen sind nun
 wirklich verblüht

Gedenkemein –
Wind wellt wieder und wieder
den Blütenteppich

Tanz der Tautropfen
durch das Wiesenhaar
streift Sonnenlicht

Neben dem Bagger
am Rand der Baugrube
Sternhyazinthen

Sonntagnachmittag
im Garten summt
der Maulwurfschreck

Wie Lampions
leuchten in den Bäumen
Vogelbeeren.
Still steht sie am Fenster.
Wird ein Vogel kommen?

Blaue Hortensie
mit Gilb durchwirkt wie
poröses Papier.
Auf verblassende Blüten
schreibt der Tag Initiale

Ein Frühlingstag.
Von morgens bis abends
bei der Sache

Wir mutmaßen
ob es Wiedergeburt gibt,
mein Freund
und das ausgerechnet
in der milden Jahreszeit

Letztes Viertel –
der bleierne Himmel
dieses Frühlings

Auf dem Gartenbaum
macht sich ein Vogel sauber.
Lerche oder nicht,
käm aus seinem Schnabel auch
nur ein Ton – wie beglückend!

Die Kälterückkehr
im Frühjahr – ich bin sprachlos,
voller Mitgefühl

Mein unscharfer Blick
fällt auf einen Löwenzahn,
welch Armutszeugnis!
So spät erkenne ich ihn,
erkenne ich sein Leuchten.

Gontran Peer

Frühling! Riechen
möcht ich es können, wenn
er mich betört

Wie zart, wie seiden
zwischen den Fingerspitzen –
Blumen am Fahrweg

Ohne es
zu wissen – jetzt ist
er Falter

Es tropft und tropft
die erste Regenzeit
ins ganze Jahr

Gontran Peer

Foto: Gaby Sauerland

Corona

Heute bei Lidl
bunte Blumensträuße
extra gebunden
zum Valentinstag
der Blumenladen hat zu

Erster Frühlingstag
am Ende des Parks zieht sie
die Maske runter

Stille im Parkrund
Schritte kommen näher
ein Radio plärrt

Maren Schönfeld

Kornblumen
wiegen sich mit Mohn
auf dem Desktop

Omas zwei Tassen
dazwischen der Buddha
Raumperspektive

Corona-Lockdown
der Hund im Park trägt
eine blaue Schleife

Vormittag im Park
neben dem Spielplatz sucht sie
den Mülleimer ab

Heiter stehst du
gelbe Chrysantheme auf
dem tristen Schreibtisch

Maren Schönfeld

Schon wieder im Park
noch immer rote Knospen
am Katsurabaum

Lockdown verlängert
Hausarrest heißt Ruhetag
Leben verlernen

Tag der Poesie –
den Laptop verkabeln
mit dem Fernseher

Seit einem Jahr blüht
trotz „neuer Normalität"
meine Orchidee

Heizung knackt leise
die Gedanken streiten
laut im Kopf

Maren Schönfeld

Foto: Gaby Sauerlan

Sandtorte
Die Küche, immer blitzsauber, roch nach Ferien, als sei vor Kurzem gebacken worden. Die Schüsseln aus braunem Steinzeug rochen irden, ein klarer Duft. Bei ihrem Anblick und wenn ich eine herausholen sollte aus dem Schrank, wenn ich ihre kühle Glätte spürte, dachte ich an den Krieg. Denn mir war gesagt worden, dass diese Schüsseln aus der Kriegszeit stammten.
In der größten der drei rührte meine Großmutter Kuchenteige an, mit einem Holzlöffel und nur in eine Richtung, wenn es ein Sandkuchen werden sollte. „Sandtorte" hieß das bei uns, obwohl es mit einer Torte nichts zu tun hatte. Ich beobachtete fasziniert, wie aus Fett, Eiern, Zucker und Mehl nach und nach eine homogene Masse entstand. Großmutter hielt die Schüssel mit dem linken Arm an ihren Leib gedrückt und rührte mit rechts. Endlos.

Wenn alles gut verrührt war, stellte sie die Schüssel auf der Arbeitsfläche ab. Nun durfte ich auch rühren, schaffte aber kaum mehr als drei oder vier Runden. Aus der Kriegszeitschüssel füllte Großmutter den Teig in die noch ältere Kastenform, die aus dem Haushalt meiner Urgroßmutter stammte.
In der folgenden Stunde lief ich immer wieder zum Herd, um durch das Fenster der Ofentür zu schauen, ob der Kuchen aufging.

In all den Jahren
hatte sie nie einen Fleck
Großmutters Schürze

Maren Schönfeld

Stadttönen

Erste Sonnenstrahlen nehmen die Kälte weg, aber auch die Stille. Nebenan im Restaurant beginnt die Freiluftsaison. Bei offenem Fenster Gesprächsfetzen: Pommes oder Knobi? ... auch mit Reis... ein Bier... Kinder kreischen und klettern auf den Mülleimerboxen, Eltern rufen sie lautstark oder gar nicht zur Ordnung.

Die Kakophonie dutzendfachen Auftreffens der Besteckteile auf Teller, das Kratschen darüber, mischt sich mit immer lauter werdenden Gesprächen. Ein Einsatzfahrzeug braust mit Martinshorn vorbei.

Durch meine Kopfhörerbeschallung mit Vivaldis Vier Jahreszeiten dringt hin und wieder eine Frauenstimme: Tschü-hüs! Es könnte immer dieselbe sein, etwa jede Stunde, ich stelle mir vor, wie eine Frau, vielleicht eine Schauspielerin, stündlich einmal vor die Türe tritt, auf den Gehweg, um Tschü-hüs! zu rufen, untermalt von auf- und abebbendem Gesprächsgemurmel mit vereinzeltem Auflachen, den Geschirrgeräuschen und dem Vorbeisummen der Autos.

Stunden später ist alles etwas gedämpfter, doch stechen die Rufe der Betrunkenen nun stärker hervor. Gruppen Jugendlicher ziehen grölend vorbei.

Im Bett liegend, lausche ich zwangsläufig einem monotonen Klopfen aus der Restaurantküche und sehe vor meinem geistigen Auge einen Fleischhammer auf nicht endende Mengen an Fleischstücken niedergehen, begleitet von Abwaschklirren und dem Brummen der Abluftanlage. Gleichmäßig wird Porzellan gestapelt. Das Klopfen hört irgendwann auf. Als Letztes verstummt das Brummen.
Ich spüre, wie sich in der nun plöztlich eingetretenen Stille meine Muskeln entspannen. Wie mein Körper und meine Seele zur Ruhe kommen. Wie ich langsam in Schlaf gleite.
Geweckt werde ich von Applaus und Gejohle. Es ist noch dunkel. Menschen singen ausgelassen. Die Hinterhofmauern multiplizieren die Stimmen zu einem großen, schief singenden Chor. Ich denke an meine erste Zeit in Hamburg zurück.

Hinterhofstille
bei offenem Fenster übt
der Opernsänger

Maren Schönfeld

Foto: Maren Schönfeld

Kuckucksruf,
die aufgehängte
Buntwäsche

Der Kuckucksruf
nach langem Regenfall:
Gut, gut! – gut, gut!
wollen meine armen
Ohren gehört haben

Am Tisch Nummer 8
sitz' ich und dichte Tanka
für unsre Nachwelt.
Ein Schmetterling fliegt vorbei –
weiß wie die Vergänglichkeit.

Ein Maitag.
Doch der Himmel sieht
elend aus

Gontran Peer

Der Morgen kühl an
diesem Tag im Mai – was ist's,
was mein Herz erwärmt

Sonntäglicher
Morgen. Im Blumenbeet
des Nachbarn jetzt
ein hellrotes Leuchten
zwischen jungen Blättern.

Später Morgen.
Warum verfolgt er uns,
der Kuckucksruf

Pusteblume –
wie im Morgenlicht
der Vollmond

Wer weiß, wohin
er fliegt – gedankenlos
der Schmetterling

So klein, so rot
wie die Päonienknospe – Herz
eines Säugetiers

Maren Schönfeld

Letzter Abend
kein Foto vom Himmel
leerer Akku.
Dass mit der Heimkehr
schon Vergessen wartet

Ach Zukunft!
Die Abenddämmerung
bedeutet mir mehr

Maren Schönfeld

Abendlicht
in die Sonne wächst
ein Brombeerstrauch

Sommernacht.
Blätterrauschen übertönt
unsere Stimmen

Klare Nacht
der Mond hängt zunehmend
in kahlen Ästen

Nah und fern
in unsere Fenster scheint
derselbe Mond

Im leuchtenden Schein
des Vollmonds frühmorgens
singen die Vögel

Aufstehen, aufstehn!
keckern die Elstern im Baum
vor meinem Fenster

Maren Schönfeld

Foto: Thomas Styhn

Die blaue Schrift
einer Sprühdose auf der
Betonmauer.
Nichts von derselben ist
im Wonnemonat neu.

Dichterklause.
Ich kuck' aus dem Fenster ...
Fliederblüten

Vom Dach fällt
viel kleines Nestgeflecht –
Befreiungsschläge
zarter Kükenflügel
an diesem hellen Tag

Die Grillen laut – so,
dass sogar ich sie höre
mit meinen Ohren

Ein Kuckuck ruft,
hört aber sofort auf:
Er meint nicht mich!

So wie ein Fluss
in den andern mündet,
so geht der Lenz ...

Der Kuckuck
nach dem Gewitter –
nah vor mir ...

Der Frühling bald um.
Auf der nahen Autobahn
kriechen Fahrzeuge

Noch denk ich
an den Kuckuck, der
rief, dann schwieg!

Auf meinem Sofa
eingenickt – so vergeude
ich den langen Tag

Gontran Peer

Foto: Gaby Sauerland

An der Flussbiegung
im gelben Feld schwelgt
Dichters Sommerhaus.
Ein toskanisches Luftschloss
mit Gräben aus Papier

Fremder Tag
Stunden schneiden mich
Schlaf-Fluchten

Das Herz im Kaffee
Schokotarte und Disteln
lachen dir zu

Deine Hand zwischen
meinen Tagebuchseiten
knisterts

Wie du mich berührst
nachdem du gegangen bist
deine Gegenwart

Herzensstille
sende ich dir in den Traum
wir sind wortfrei

Nachttischlampe
dem schwarzen Faden folgen
Seite um Seite

Endlose Treppen
Schritte vermessen die Nacht
Stufe für Stufe

Dunkler Morgen
im Spiegel sehe ich noch
all meine Träume

Die Zeit anhalten.
In deinen Augen Frühling
Herzknospen

Nachwort

Nachdem am 25. Mai 2023 die Online-Lesung von Maren Schönfeld und mir beendet war, wurden wir gefragt, ob es auch ein Buch zu dieser Veranstaltung geben würde.
Großartigerweise hat sich Gino Leineweber vom Hamburger Verlag Expeditionen spontan dazu bereit erklärt, die vorgetragenen Gedichte und Prosatexte in Buchform zu veröffentlichen. Das bedeutet, dass wir dank dieses bewundernswerten Verlegers unseren Zuhörern und Zuschauern, aber genauso jenen, die an der Online-Lesung nicht teilnehmen konnten, die Möglichkeit geben können, jene oder eben neue Momente zu erleben, die diese Art von Lyrik zu vermitteln imstande ist.
Die Frage, die sich einem Haijin (Dichter) immer wieder stellt ist, ob es notwendig wäre, den Liebhabern und Interessierten von Lyrik nach japanischem Vorbild immer und immer wieder die Geschichte und die theoretischen Details über Tanka, Haiku, Senryu und Haibun zu erklären. Bei der Online-Lesung vom 25. Mai haben einige Teilnehmer mitgeteilt, dass Ihnen die Präsentation mit den Informationen zur Theorie dieser Lyrikformen sehr nützlich war.

Hier also, anhand der folgenden Übersicht, die wichtigsten Angaben:

Traditionell fast ausschließlich mit Jahreszeitenbezug
Renga in Japan: Kettengedicht
Tanka in Japan: Fünfzeiler mit
5-7-5-7-7 Moren
Haiku, Senryu, Haibun in Japan: Dreizeiler mit
5-7-5 Moren
Moderne: Auch ohne oder mit anderem Morenschema, auch ohne Jahreszeitenbezug
Anmerkung: Die japanischen Moren entsprechen nicht den westlichen Silben.

Traditionell fast ausschließlich mit Jahreszeitenbezug
Renga im Westen: Kettengedicht
Tanka im Westen: Fünfzeiler mit
5-7-5-7-7 Silben
Haiku, Senryu, Haibun im Westen: Dreizeiler mit 5-7-5 Silben
Moderne: Auch ganz ohne oder mit anderem Silbenschema, auch ohne Jahreszeitenbezug

Erfahrungsgemäß lässt sich sagen, dass die Spannungen, die schon seit Jahrzehnten zwischen den Dichtern des traditionellen und modernen Haiku bestehen, völlig irrelevant sind, da

es den Lesern viel mehr um die Inhalte geht als um Form und Regeln.
Das Genre Lyrik nach japanischem Vorbild ist phantastisch und noch mehr, wenn man sich damit eingehend beschäftigen will. Die Tiefgründigkeit, die diese Gedichtformen haben, ist außerordentlich und die Faszination, die Tanka, Haiku, Haibun und Senryu ausstrahlen, ist weder exotisch, noch esoterisch, sondern ganz einfach lebensnah im wahrsten Sinne des Wortes. Wenn ein Dichter gefragt wird, warum er dieses Genre für seine lyrischen Dichtungen ausgewählt hat, dann ist die Antwort, wenn es sich um einen pflichtbewussten Haijin, also Haiku-Dichter handelt, nicht überraschend: Nur wenige literarische Formen und Gattungen haben Natur, Mensch, Schöpfung und Universum als zentrales Thema. Dabei brauchen auch nicht unbedingt die japanischen Lebens- und Denkweisen, Traditionen und Bräuche, Religionen und Lehren, politische und geschichtliche Ereignisse erwähnt zu werden. Das heißt also, dass auch im Westen ohne Weiteres sehr profunde und lebensnahe Dreizeiler gedichtet werden. Herz, Geist und Seele haben und keine Staatsangehörigkeit kennen. Also erscheint mir die territoriale Einschränkung, die man dem Tanka, Haiku, Haibun, Senryu usw. auferlegt, völlig unberechtigt.

Die Bedeutung dieser Lyrikformen und -gattungen gehen über die japanischen Grenzen hinaus. Nicht umsonst sprechen wir von Weltliteratur und dürfen zudem niemals vergessen, dass der schwedische Dichter, Schriftsteller und Nobelpreisträger Tomas Tranströmer auch Haiku gedichtet hat.

Für die Dichtung nach japanischem Vorbild braucht es Bewusstsein, denn sie ist alles andere als nur Unterhaltungsliteratur. Steigt das Bewusstsein, dann gewinnen Haiku, Tanka, Haibun, Senryu usw. ganz sicher an Anerkennung, aber der Leser gewinnt umso mehr an Lebensqualität.

Gontran Peer

Biografien

Gontran Peer, Jahrgang 1957, Lyriker. Seit 1991 beschäftigt er sich mit japanischen Kurzgedichtformen. Nachdem er sich jahrelang als Autodidakt mit Theorie und Anwendungsfragen der japanischen Dichtung in deutschen Texten befasst hatte, geht er heute einen völlig eigenständigen unabhängigen Weg. Er dichtet deutschsprachige lyrische Miniaturen, die sich von traditioneller japanischer Kurzlyrik inspirieren lassen Gontran Peer lebt und arbeitet in Südtirol. Er hat fünf Haiku-Bücher und zahlreiche Beiträge in Anthologien veröffentlicht.

Maren Schönfeld, geboren 1970, lebt in Hamburg und Stade. Seit ihrer Jugend schreibt sie Gedichte, Kurzgeschichten und Sachtexte. Sie hat bislang fünf Lyrikbände und zwei Sachbücher sowie zahlreiche Anthologiebeiträge veröffentlicht. 2017 wurde sie mit dem Lyrikpreis und 2023 mit dem Kurzgeschichtenpreis der Hamburger Autorenvereinigung ausgezeichnet.

Gaby Sauerland (Fotos), geboren 1965 in Hamburg, Pendlerin zwischen Großstadt und Küste. In ihren Fotografien möchte sie die Schönheit und Kraft der Natur darstellen. Dabei fängt sie die Vielfalt der Formen und Strukturen ein und legt in Makrofotografien das Augenmerk auf kleinste Details. Sie möchte Momente festhalten, um später wieder in diese eintauchen zu können. Neben Naturmotiven begeistern Gaby Sauerland auch urbane Strukturen in Architektur und Industrie. Hier versucht sie, das Chaos der Stadt minimalistisch zu reduzieren.

Thomas Styhn (Fotos), geboren 1962 in Eckernförde, ist Komponist und Musiker und lebt in Stade. Neben der Präsentation von Live-Musik war er viele Jahre als Musikproduzent und Tonstudiobetreiber tätig. Schwerpunkt seiner kompositorischen Arbeit sind meditativ-berührende Klangcollagen und Melodien für die Solo-Gitarre, die sein Instrument ist. Er setzt seine Kompositionen auch mit Filmmotiven in Beziehung. Diese Musikfilme zeigt er u. a. im Rahmen von Online-Lesungen.

www.ingramcontent.com/pod-product-compliance
Lightning Source LLC
LaVergne TN
LVHW041238150826
845673LV00008B/2421

* 9 7 8 3 9 1 1 3 2 0 0 1 6 *